장기려

장기려

유타루 글 정문주 그림

비룡소

마을 공터에서 아이들이 팽이 싸움을 하고 있었어요. 기려는 채를 단단히 잡고 휘둘렀어요. 팽이가 쌩쌩 돌았어요. 기려는 팽이를 다른 아이 팽이 옆으로 몰아갔어요.

틱! 틱!

팽이끼리 몇 번 부딪쳤어요.

다른 아이 팽이가 비틀비틀하더니 쓰러졌어요.

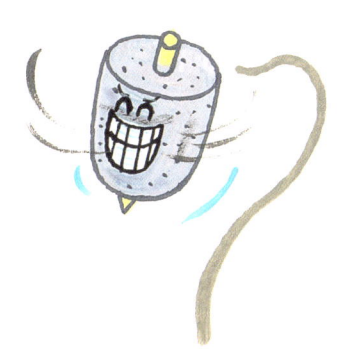

"야호, 내가 이겼다!"

기려는 너무 좋아서 깡충깡충 뛰었어요. 그럴 만도 했어요. 기려는 또래 아이들보다 키도 작고 몸도 약했거든요. 그래서 이길 때보다 질 때가 많았는데, 이번에는 이겼잖아요.

회색 팽이 하나가 기려 팽이 옆으로 다가왔어요.

"좋아, 상대해 줄게. 한판 붙자!"

기려는 채를 쳐서 팽이를 더 쌩쌩 돌렸어요.

틱! 틱!

회색 팽이와 부딪친 기려 팽이는 휙 튕겨 나갔어요. 기려는 입을 앙다물고 다시 팽이를 돌렸어요. 이번에도 기려 팽이는 힘없이 쓰러졌어요.

"으아앙, 으아앙."

기려는 연달아 진 게 억울해서 울음을 터뜨렸어요.

사실 기려는 이길 수가 없었어요. 기려 팽이는 나무 팽이였고, 상대방 팽이는 돌 팽이였으니까요.

저녁에 기려는 할머니랑 교회에 갔어요. 그랬다가 신발장 위에 놓인 돌 팽이를 보았어요. 두 눈이 휘둥그레졌어요.

'내가 꼭 갖고 싶었던 건데. 이것만 있으면 다 이길 수 있어.'

기려는 돌 팽이를 주머니 속에 몰래 넣었어요. 그러고는 다음날부터 그 팽이로 팽이 싸움을 했어요. 싸움마다 이겼어요. 기려는 기분이 정말 좋았어요.

"이 돌 팽이, 내 거 같은데."

한 아이가 말했지만 기려는 모른 체했어요.

"돌려줘. 내 거니까 돌려 달라고."

기려는 마음이 불편해졌어요. 그래서 팽이를 돌려줄까 했지만 그러지 못했어요. 도둑으로 드러나는 게 창피하기도 했고, 가족이 알면 실망할 것 같았거든요. 기려는 돌 팽이를 개울에 버려 버렸어요.

　기려네 가족은 모두 하나님을 믿었어요. 기려는 가족이랑 예배를 드리러 교회에 갔어요. 목사님이 설교 중에 큰 소리로 힘주어 말했어요.

　"도둑질한 사람은 자신의 잘못을 뉘우쳐야 합니다. 사람은 속일 수 있지만, 하나님은 모든 것을 알고 계십니다. 알겠습니까!"

　기려는 목사님 말을 듣고 눈물이 글썽글썽했어요.

　'하나님, 제가 잘못했어요. 다시는 도둑질하지 않을게요.'

　기려는 돌팽이 주인인 아이를 찾아가 사과했어요. 버린 돌팽이는 찾을 수 없었어요. 기려는 돈으로 돌팽이 값을 치렀어요.

기려는 의성 소학교에 다녔어요. 의성 소학교는 기려 아빠가 세운 학교였어요. 이때 기려는 나라 없는 학생이었어요. 왜냐하면 1910년, 기려가 태어나기 일 년 전에 일본한테 우리나라를 빼앗겼거든요.

 일본은 학교 수업을 우리말보다 일본 말로 더 많이 하게 했어요. 하지만 의성 소학교는 일본의 명령을 곧이곧대로 따르지 않았어요.

기려 아빠는 나라를 사랑하는 마음이 컸어요.

1919년 3월 1일, 기려 아빠는 기려와 사람들을 데리고 마을 뒷산으로 올라갔어요. 그리고 태극기를 들고 힘껏 소리쳤어요.

"대한 독립 만세! 대한 독립 만세!"

이날 온 나라 곳곳에서 독립을 부르짖는 함성이 울려 퍼졌어요.

의성 소학교를 졸업한 기려는 개성으로 가서 송도 고등 보통학교에 진학했어요. 기려는 작고 허름한 방에서 생활해야 했어요. 기려 아빠가 하는 일이 잘못되어서 집이 가난해졌거든요. 힘들고 외로웠던 기려는 한동안 공부에 소홀했어요.
"안 돼, 내가 이래서는 안 돼."
기려는 정신을 차리고 열심히 공부했어요.

졸업반이 된 기려는 앞으로 어떤 사람이 될까 곰곰이 생각했어요. 그러다가 의사가 되기로 결심하고 이렇게 기도했어요.

"하나님, 제가 의사가 되면 가난하고 헐벗은 사람들을 돌보겠습니다. 의사가 없는 곳을 다니며 사람들을 치료하겠습니다. 그러니 경성 의학 전문학교(지금의 서울 대학교 의과 대학)에 합격하게 해 주세요."

1928년에 장기려는 경성의전(경성 의학 전문학교)에 합격했어요. 그리고 가난과 여러 어려움 속에서도 꿋꿋이 공부한 끝에 학교를 졸업할 수 있었지요. 그것도 일 등으로요.

"아니, 어떻게 된 거야. 장기려가 수석이라니. 도무지 믿을 수가 없어."

일본 사람들은 깜짝 놀랐어요. 질투하고 못마땅해하기도 했어요.

하지만 우리나라 사람들은 장기려를 매우 자랑스러워했어요. 그럴 만도 했지요. 경성의전에는 조선 학생들보다 일본 학생들이 몇 배나 많았고, 그런 데서 일 등 하는 게 정말 어려웠거든요.

그때는 경성의전을 졸업하면 보통 병원을 열었어요. 병원 수가 턱없이 부족해서 병원을 차리면 돈을 많이 벌 수 있었거든요. 가난했던 장기려 역시 병원을 차리는 게 좋았지요.

 그러나 돈보다 생명을 중요시했던 장기려는 학교에 남기로 했어요.

 '평소에 나는 외과 의학에 관심이 많았어. 더 공부해서, 환자를 잘 치료하고 싶어!'

장기려는 백인제 교수의 조수로 정해졌어요. 백인제 교수는 당시 우리나라에서 아주 유명한 의학 박사였어요.

이즈음 결혼한 장기려는 아내 김봉숙에게 말했어요.

"여보, 나는 환자들과 사회의 평화를 위해 살고 싶어요."

아내 김봉숙은 남편 장기려의 뜻이 훌륭하다고 생각했어요. 그래서 장기려가 일과 공부에 집중할 수 있도록 늘 도왔어요. 그 덕분에 장기려는 조수 일도 열심히 하고, 의학 공부도 맘껏 할 수 있었지요.

어느 날, 백인제 교수가 없을 때 맹장염 환자가 찾아왔어요.

'어떻게 하지? 백 교수님이 오시려면 멀었는데.'

조수 장기려는 고민하다가 직접 수술하기로 했어요. 처음 하는 수술이었지요. 장기려는 환자의 생명을 지킬 수 있게 해 달라는 기도를 하고 수술을 시작했어요. 백인제 교수의 수술을 도운 기억을 되살리며 그대로 따라했지요.

다행히 수술은 아주 잘 되었어요. 그러나 장기려는 돌아온 백인제 교수로부터 크게 꾸중을 들었어요.

"사람의 생명을 함부로 다루다니! 네 잘못이 얼마나 큰지 알겠느냐!"

그렇지만 백인제 교수는 장기려를 쫓아내지 않았어요.

'장기려는 성실하고 정직해. 그리고 무엇보다 환자들을 아주 친절하고 따뜻하게 대하지.'

장기려를 꾸준히 지켜본 백인제 교수는 장기려가 생명에 대한 소중함을 아는 사람이라고 믿었어요.

장기려는 이후 백인제 교수의 배려로 맹장염 환자를 자주 수술했어요. 그리고 수술해서 떼어 낸 맹장을 이용해 맹장 끝에 붙은 충수에 염증을 일으키는 세균을 연구했어요.

연구 주제는 '충수염 및 충수염성 복막염의 세균학적 연구'였어요. 사 년 동안 270번이나 실험하고 연구한 끝에 논문을 완성했지요. 그 논문을 1940년 3월에 일본 나고야 대학에 제출하였고, 같은 해 9월에 논문이 통과되어, 의학 박사 학위를 받았어요. 장기려가 경성의전에 와서 공부한 지 십이 년 만이었고, 이때 그의 나이는 서른 살이었어요.

박사 장기려는 의사로서 뜻을 펼치기 위해 경성의전을 떠나야겠다고 결심했어요. 이런 장기려에게 스승 백인제 교수는 대전 도립 병원 외과 과장직을 마련해 주려고 했어요. 그 직위는 높고 월급이 많았어요.

"선생님, 감사합니다만 일본이 운영하는 병원에는 가지 않겠습니다."

장기려는 평양 연합 기독 병원 외과 과장이 되었어요. 가난하고 불쌍한 환자들이 많이 찾는 병원에서 일하고 싶었거든요.

기독 병원에 온 지 겨우 열 달 만에 장기려는 원장이 되었어요. 이를 두고 사람들은 시기하고 모함했어요. 장기려는 아무 잘못이 없었지만 원장에서 물러나 도로 외과 과장이 되었어요.

'어느 자리든지 상관없어. 중요한 건 의사로서 환자를 돌보는 거야.'

장기려는 환자를 살피고 치료하는 데에 마음과 정성을 쏟았어요.

1943년, 의사 장기려는 간암 환자를 수술하게 됐어요.

 많은 의사들은 콧방귀를 뀌었어요.

 "흥, 수술하면 뭐해! 틀림없이 실패할 텐데."

 사실 그때까지 누구도 간암 수술에 성공하지 못했어요. 그래서 간암은 수술할 수 없는 병으로 알려져 있었지요. 그래도 장기려는 환자를 살리고 싶었어요.

 '내가 이 환자를 꼭 치료해 주고 싶어.'

 장기려는 수술에 들어갔고, 간암 덩어리를 간에서 떼어 내는 데 성공했어요. 기적 같은 일에 의학계는 깜짝 놀랐어요. 그동안 시기하고 미워하던 의사들도 장기려를 인정하지 않을 수 없었어요.

 "장기려는 정말 뛰어난 의사야. 훌륭해."

장기려는 불치병 간암을 치료한 의사로 명성이 높아졌어요. 그래서 환자들이 많이 몰려들었지요. 그런 환자들 중에는 가난한 사람들도 있었어요.

"선생님, 저를 치료해 주셔서 고마운데, 치료비가 없습니다."

"괜찮아요. 그냥 가세요."

장기려는 환자들의 치료비를 대신 내주곤 했어요.

"장기려 선생님은 치료비만 내주는 게 아니라네. 사람도 차별하지 않으신다네. 돈이 많건 가난하건, 지위가 높든 낮든, 성심껏 치료해 주신다네."

환자들 사이에서는 '기독 병원 의사 장기려'라는 이름이 널리 퍼졌어요.

1945년 8월 15일, 우리나라는 일본으로부터 나라를 되찾았어요. 장기려도 광복의 기쁨에 만세를 힘껏 외쳤어요.

 독립을 했지만 안타깝게도 우리나라는 둘로 갈라지고 말았어요. 삼팔선이라고 불렸던 경계선을 기준으로 남쪽은 미국이, 북쪽은 소련(지금의 러시아)이 점령했어요.

 장기려가 의사로 일했던 평양 연합 기독 병원은 삼팔선 위에 있었어요. 장기려는 이즈음 기독 병원에서 평양 도립 병원 원장직으로 자리를 옮겼어요.

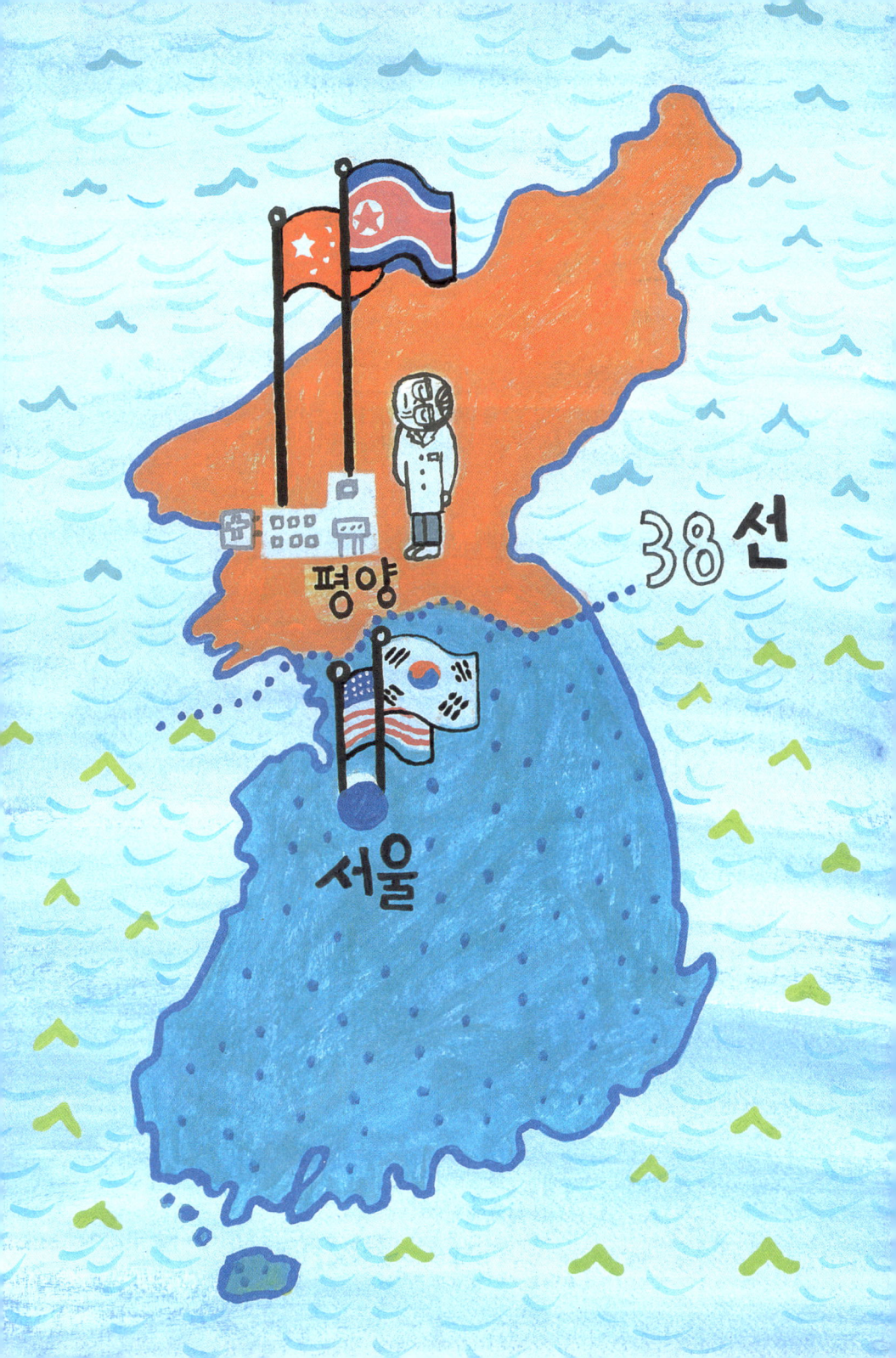

어느 날, 북한에서 가장 권위 있는 대학인 김일성 종합 대학 의과 대학의 높은 사람들이 찾아왔어요. 그 사람들은 장기려에게 의과 대학 강좌장(의과 대학을 이끄는 교수)을 맡아 달라고 부탁했어요.

"나는 강좌장이 될 실력이 부족합니다."

장기려는 그 자리를 거절했지만 그 사람들은 계속 장기려에게 부탁했어요.

"실력이 부족하다는 건 겸손의 말인 줄 압니다. 강좌장을 꼭 좀 맡아 주십시오. 많은 사람들이 원합니다."

장기려는 더는 거절할 수 없어서 강좌장 자리를 받아들였어요.

'나는 의사로서 변함없이 내 할 일을 할 거야. 가난하고 헐벗은 환자들을 돌보고 치료할 거야.'

김일성 종합 대학 의과 대학 강좌장은 누구나 부러워하는 아주 중요하고 높은 자리였어요. 그러나 장기려는 자랑스러워하지 않았어요. 늘 그래 왔던 것처럼 오로지 환자들을 치료하고 돌보는 일에만 열심이었어요. 급한 환자가 생겼거나 피를 구할 수 없을 때, 자신의 피를 뽑아 환자의 생명을 구하기도 했어요.

이런 일도 있었어요. 북한의 통치자인 김일성의 부인을 치료해 준 일로 장기려는 무명 천 한 필을 선물로 받았어요.
　"잘됐어. 병실 환자들이 낡은 환자복을 입고 있어서 마음에 걸렸는데."
　장기려는 아내 김봉숙에게 부탁해 그 옷감으로 환자복을 지었어요. 그러고는 그 새 환자복을 병원의 환자들에게 입혔어요. 이런 장기려였기에 의과 대학 강좌장인데도 오히려 전보다 더 가난했어요.

1947년 북한 공산당은 장기려에게 '모범일꾼상'을, 다음 해에는 북한 최초로 박사 학위를 주었어요.
 사람들은 고개를 끄덕였어요. 장기려는 의사로서 실력이 뛰어나고, 생명을 소중히 하고, 가난하고 아픈 사람을 자기 자신처럼 사랑했으니까요.

1950년 6월 25일, 북한이 남쪽으로 내려와 한국을 공격하면서 전쟁이 일어났어요.
　다친 북한 군인과 사람들이 병원으로 몰려들었고, 장기려는 그 사람들을 치료하느라 눈코 뜰 새가 없었어요.
　북한군이 밀려나고 국군과 국제 연합군(육이오 전쟁 때 국군을 도와주러 온 국제 연합 회원국의 군대)이 평양으로 올라왔을 때는 그 부상자들을 돌보았지요.

'아, 광복이 된 지 얼마나 됐다고, 같은 민족끼리 서로 싸우다니.'

장기려는 부상당한 사람들을 치료하면서 가슴이 찢어지는 듯 했어요.

장기려는 전쟁으로 안전하지 못한 평양을 떠나기로 했어요.

장기려는 둘째 아들 가용을 데리고 먼저 남쪽으로 내려왔어요. 아내 김봉숙도 남은 자식들을 데리고 피난을 떠났어요. 하지만 한국 땅으로 넘어오지 못했지요.

서울에 도착한 장기려는 기차를 타고 부산으로 내려갔어요. 아는 사람 소개로 육군 병원에서 의사로 일하게 되었어요.

1951년 6월, 장기려는 육군 병원을 그만두었어요.
'전쟁 중에, 피난 중에 다친 사람들이 많아. 의사를 만나 보지도 못하고 죽어 가는 사람들이 많아. 그런 사람들을 그냥 두고 볼 수 없어.'

같은 해 7월, 장기려는 뜻이 같은 사람들과 힘을 모아 무료 진료소를 차렸어요. 부산 영도에 있는 교회의 작은 창고에 '복음 병원'이라는 간판을 걸었어요.

"세상에, 이 어려운 때에 무료로 진료를 해 준다니."

병원에는 가난한 사람들이 몰려왔어요. 환자들로 붐벼서 창고가 비좁았지요. 그래서 두 달 후에 공터에 천막 셋을 치고 이사를 했어요.

장기려는 무척 기쁘고 뿌듯했어요. 가난한 환자들을 무료로 치료해 줄 수 있었으니까요. 그래서 환자들을 밤낮으로 치료하고 돌보는 데도 힘든 줄 몰랐어요.

　그런데 소문을 듣고 더 많은 사람들이 몰려들자 그만 약과 의료 도구들이 부족해졌어요. 장기려를 도와 복음 병원을 운영하던 직원들은 감사함을 설치하자고 했어요. 치료비를 내고 싶거나 낼 수 있는 사람은 감사함에다 스스로 돈을 넣게 하자는 거였지요.

장기려는 마음이 몹시 무거웠어요. 하지만 어쩔 수 없었어요. 약과 의료 도구들이 없으면 환자를 치료조차 할 수 없었으니까요.
　감사함을 설치하긴 했지만 거의 무료나 마찬가지였어요. 그래서 여전히 많은 환자들이 찾아왔어요. 이런 사정을 알고 많은 사람들이 도움을 주었지만 병원의 경제 사정은 나아지지 않았지요.

그러자 직원들이 다시 나섰어요.

"원장님, 치료비를 조금씩이라도 받아야겠습니다."

장기려는 직원들의 뜻을 따를 수밖에 없었어요.

사실 장기려는 월급을 거의 다 병원을 위해 썼어요. 직원들은 월급을 제대로 받지 못하고 있었지요. 그런데도 병원 운영이 이토록 어려운 거였어요.

'아, 가난한 사람들을 꼭 무료로 치료해 주고 싶었는데.'

장기려는 큰 죄를 지은 사람처럼 괴로워했어요.

1953년 7월, 전쟁이 멈추고 한국과 북한 사이는 휴전선으로 가로막히고 말았어요. 장기려는 북한에 남은 아내와 자녀들을 떠올리며 가슴 아파했어요.

'아, 이제는 그리운 가족을 영영 만날 수가 없어.'

장기려는 가족이 생각날수록 다짐했어요.

'이곳 부산에서 환자들을 내 가족처럼 돌보며 살아갈 거야!'

휴전(전쟁을 얼마 동안 멈추는 일)이 되자 부산에 피난 와 있던 많은 의사들이 서울로 떠났어요. 서울 대학교 교수가 된 장기려도 얼마든지 서울로 갈 수 있었어요. 하지만 복음 병원에 남았어요.

'병원 운영이 힘들고 어렵다고 떠날 순 없어. 여기 남아서 환자들을 치료하고 보살펴야 해.'

장기려는 복음 병원 원장으로 일하면서 강의가 있는 날만 서울에 갔어요. 그것도 낮에 환자들 치료하는 일에 방해가 되지 않게 야간 열차를 이용했어요.

장기려는 병원에 찾아오는 환자들만 치료한 게 아니었어요.
　'의사가 없는 곳에 사는 사람들은 어떻게 하지? 그 사람들은 아파도 제대로 치료받지 못하고 있을 텐데.'
　장기려는 당장 무의촌(의사와 의료 시설이 없는 곳) 진료에 나서고 싶었어요. 그렇지만 복음 병원 운영이 경제적으로 어려웠기 때문에 망설이지 않을 수 없었어요.

'그래도 해야 해. 의사로서 무의촌 환자들을 그냥 두고 볼 수 없어.'

장기려는 자신의 뜻을 밝혔어요. 그러자 복음 병원 의사들과 간호사들뿐 아니라 알고 지내던 사람들도 장기려와 함께하기로 했어요.

"소식 들었어요? 우리 마을에 의사가 온다면서요?"

"듣고 말고요. 평생 의사 한번 못 만날 줄 알았는데, 꿈만 같아요."

장기려와 의료팀은 산 넘고 물 건너 먼 곳까지 찾아갔어요. 장기려의 진료를 받은 환자들은 곧 건강을 회복했어요.

"선생님, 고맙습니다. 제 옆구리가 쿡쿡 쑤셨는데 씻은 듯이 나았습니다."

"먼 데까지 와서 무료로 치료해 주시다니, 이 은혜 잊지 않겠습니다."

사람들은 장기려에게 진심으로 고마워했어요.

가난한 환자들과 무의촌을 위해 헌신하는 천막 복음 병원 이야기는 널리 퍼졌어요. 곳곳에서 도움의 손길들을 보내왔어요. 그리하여 1957년, 부산 송도의 언덕에 새 병원이 지어졌어요. 장기려는 두 손을 모으고 굳게 다짐했어요.

'천막에서처럼 여기서도 사랑으로 환자들을 대할 거야. 변함없이 환자들을 돌볼 거야, 꼭.'

장기려와 함께 일해 온 사람들은 새 병원에서도 치료비를 조금만 내게 하거나, 낼 수 있는 사람만 내게 하고 싶었어요. 하지만 그렇게 병원을 운영하기엔 쉽지 않았어요. 대부분의 환자들이 치료비를 내야 하는 상황에 처했지요.

그런데 무료인 줄 알고 온 사람들이 간혹 있었어요. 또 치료비를 내지 못해 퇴원 못 하는 환자들도 있었고요. 장기려는 그런 사람들의 약값이나 치료비를 대신 내주었어요. 어떤 환자에게는 잘 먹어야 낫는 병이라며 고기 살 돈을 주기도 했어요.

월급 많은 병원장이었지만 장기려의 주머니는 텅텅 비어 있을 때가 많았어요.

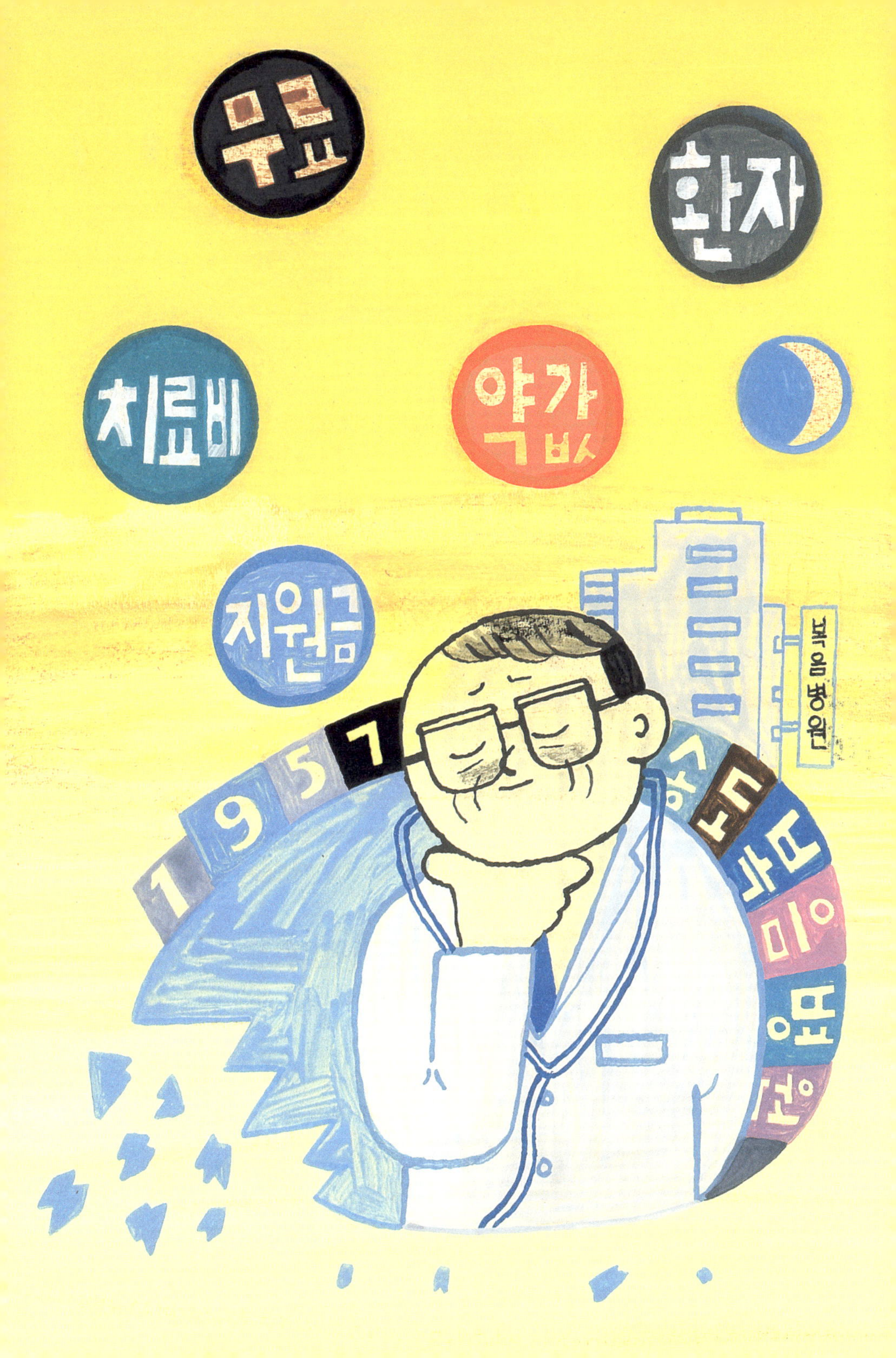
무료
환자
치료비
약값
지원금
1957
복음병원

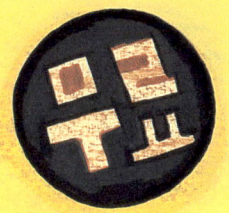

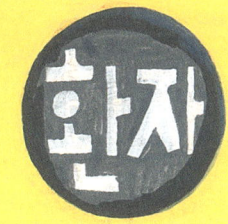

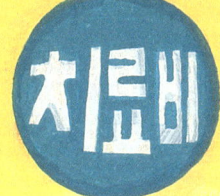

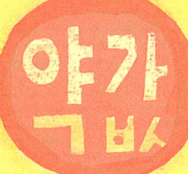

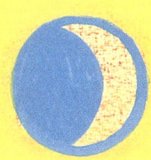

장기려는 의학 발전을 위해서도 노력했어요. 평양 기독 병원에 있을 때 간 수술을 처음으로 성공시켰던 장기려였어요.

'우리나라는 맵고 짠 음식이 많아. 그래서 간이 나쁜 사람이 많아.'

장기려는 부산 대학교 의과 대학 외과 팀과 간 연구를 시작했어요.

1959년, 장기려는 간을 대량으로 잘라 내는 수술에 성공했어요. 간에 대한 체계적인 연구와 수술의 성공은 우리나라 의학계에 큰 발전을 가져왔어요.

1962년에는 국제 외과 학회에 참석하면서 약 오 개월 동안 세계 일주를 했어요. 이때 미국과 유럽 등 각 나라의 병원들을 살피고 돌아와 우리나라 의학 발전을 위해 더욱 힘썼어요.

장기려는 출퇴근길에도 길거리를 살폈어요. 전쟁 후라 아픈 사람들이 곳곳에 많았으니까요. 어느 날은 허름한 창고에서 끙끙 앓는 사람들을 발견했어요. 아무도 돌보지 않아 버려지다시피 한 환자들이었어요.

'아니, 어떻게 이런 일이.'

장기려는 사람들을 병원으로 데려와 치료하고, 손톱과 발톱도 깎아주었어요.

"선생님이 아니었으면 저희들은 이미 죽은 목숨입니다."

병이 나은 사람들은 장기려에게 감사하다고 몇 번이나 말했어요. 부산시에서는 장기려에게 상을 주었고, 다른 여러 상들도 주어졌어요. 그러나 장기려는 시상식에 한 번도 나가지 않았어요.

'나는 의사로서 할 일을 했을 뿐이야.'

장기려는 '착한 일을 할 때는 남이 모르게 하라'는 말을 떠올렸어요.

가난한 환자들, 무의촌 사람들, 길거리의 아픈 사람들까지 보살피면서도 장기려는 안타까워 하는 게 있었어요.

'치료비가 많이 드는 병은 환자들에게 부담이 돼. 가난한 환자들은 치료받을 엄두조차 내지 못하고. 생각할수록 가슴이 아파. 뭐 좋은 방법이 없을까?'

장기려는 어느 모임에서 채규철이라는 사람이 하는 말을 우연히 들었어요.

"제가 덴마크에서 유학할 때 아파서 병원에서 치료받은 적이 있습니다. 입원까지 했었어요. 그래서 퇴원할 때 치료비가 많이 나올 줄 알았는데. 무료라며 그냥 가라는 거예요. 알고 보니 그 나라에는 의료 보험이라는 제도가 있더라고요."

장기려는 이야기를 듣고 속으로 '옳거니, 바로 이거야!' 했어요.

장기려는 사람들과 뜻을 모아 1968년에 '청십자 의료 보험 조합'을 설립했어요.

"사람들이 건강할 때 돈을 조금씩 냈다가 누군가 아프면 모은 돈으로 도움을 받는 겁니다. 치료비를 조금만 내는 거니까 서로서로 도움이 됩니다."

장기려는 사람들에게 의료 보험에 들라고 권유했어요.

하지만 사람들은 보험에 들지 않으려고 했어요.

"건강한데 내가 왜 돈을 내. 아깝게."

그래도 장기려는 의료 보험의 좋은 점을 계속 알렸어요. 그러자 사람들 생각이 점점 바뀌었어요.

"정말이네. 갑자기 큰 병이 나서 돈이 많이 들 줄 알았는데, 그동안 보험료를 냈더니 치료비가 조금밖에 안 돼."

사람들은 장기려 박사의 말을 듣기를 잘했다고 입을 모았어요.

1975년, 복음 병원 원장인 장기려는 청십자 병원을 따로 세우고, 의료 보험을 적용하면서 많은 환자들을 치료하고 돌보았어요.

일흔 살이 지나서도 장기려는 의사를 그만두지 않았어요. 오히려 환자와 더 가까이 지낼 수 있는 복음 병원 옥상에 작은 거처를 마련했어요. 그러던 어느 날 밤, 그 옥탑방에 도둑이 들었어요.

'사람들 돕기로 소문난 병원장이 사니까, 틀림없이 돈도 금도 많을 거야.'

그러나 도둑의 생각은 틀렸어요. 아무리 뒤져 봐도 금이나 돈은 없었어요. 도둑은 할 수 없이 한복을 훔쳐 갔어요.

그런데 한복을 도둑맞은 걸 안 장기려는 화를 내지도, 도둑을 잡겠다고 경찰에 신고하지도 않았어요. 대신에 제자에게 이렇게 말했어요.

"쯧쯧, 바지 끈을 흘리고 갔구먼. 혹시 내 한복 가져간 사람 알거든 이 끈을 가져다주게. 끈이 없으면 바지를 못 입잖아."

이런 장기려를 두고 사람들은 바보라고 했어요. 평생 값비싼 걸 가질 줄 모르고, 가진 것을 다 내어 주어서 병원장인데도 가난하게 사는 바보라고 했어요.

환자들을 내 몸처럼 돌보고 사랑한 의사 장기려. 청십자 의료 보험 조합을 설립하여 수많은 사람들의 치료비 걱정을 덜게 한 의사 장기려. 이런 그에게 1979년, 아시아의 노벨상이라 불리는 '막사이사이상'이 주어졌어요.

의사 장기려는 일평생 환자들을 사랑하고 돌보았어요. 특히 가난한 사람들, 무의촌 사람들, 주변에서 돌봐 줄 사람이 없는 환자들을 보면 더욱 그랬어요. 그리고 장기려가 시작했던 의료 보험은 우리나라 의료 보험 제도의 밑바탕이 되었어요.

언제 어디서든 한결같이 사람의 생명을 그 무엇보다 소중히 여긴 의사 장기려. 76세까지 만 번이 넘는 수술을 하면서 환자를 위해 기도한 장기려. 우리나라 의료 보험 개척자 장기려. 그는 1995년 12월 25일, 크리스마스 날 새벽에 여든다섯 살의 나이로 하늘나라에 갔어요.

♣ 사진으로 보는 장기려 이야기 ♣

육이오 전쟁 때 세운 천막 복음 병원 앞에서 찍은 사진이에요. 둘째 줄 가운데에 넥타이를 매고 서 있는 사람이 장기려예요.

육이오 전쟁 당시 부산 피난민들의 모습이에요. 장기려 역시 평양에서 부산까지 둘째 아들과 함께 피난을 내려왔어요.

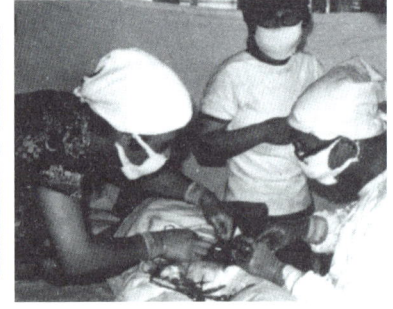

장기려가 환자를 수술하고 있는 모습이에요.

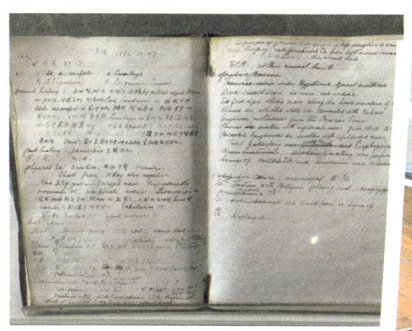

장기려가 환자들의 상태를 적어 놓은 친필 노트예요. 장기려는 항상 사려 깊게 환자들을 살피고, 최선을 다해 치료했지요.

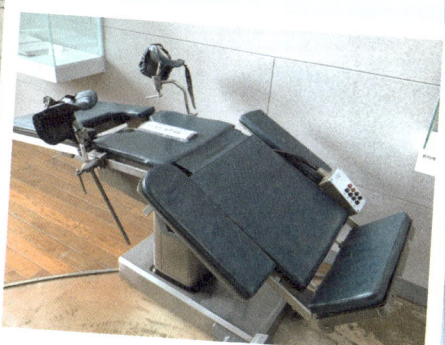

장기려가 수술할 때 직접 사용했던 수술대예요.

장기려가 받은 막사이사이상의 상장과 메달이에요. 종교, 국가, 인종, 계급 등의 차별 없이 아시아를 위해 힘쓴 사람들에게 주어지는 상이에요.

♣ 장기려에 대해 더 궁금한 것들 ♣

청십자 의료 보험이 우리나라에서 처음으로 실시된 의료 보험 제도라고요?

의료 보험은 평소에 조금씩 낸 보험료를 차곡차곡 쌓아 두었다가, 치료비가 많이 필요할 때 그 돈을 쓰게 함으로써 부담을 줄이게 하는 제도예요. 우리나라는 국민 건강 보험이라는 제도를 만들어서 1989년부터 모든 국민이 참여하고 있지요.

지금은 의료 보험의 혜택을 받는 것이 당연하지만, 예전에는 많은 환자들이 돈이 부족해서 치료를 못 받았어요. 그런 환자들을 위해 장기려와 몇몇 사람들이 청십자 의료 보험을 만들었지요. 청십자 의료 보험은 우리나라에서 실시된 최초의 의료 보험 제도였을뿐 아니라, 회원 수가 20만 명이 넘는 큰 조합이었답니다.

장기려가 특별 이산 가족 상봉을 거절했다고요?

우리나라는 전쟁을 겪으면서 가족과 헤어진 사람이 많았어요. 장기려 역시 북한에 남은 가족들을 평생 그리워했지요. 그런 장기려에게 우리나라 정부는 특별 이산 가족 상봉을 제안했어요. 원래는 정해진 인원 수에 맞게 추첨을 해서 당첨자를 뽑았지만, 정부에

서 특별히 배려해 가족들을 만날 기회를 주려고 한 것이었죠.

하지만 장기려는 그 기회를 거절했어요. 너무너무 가족들이 보고 싶었지만, 다른 사람의 소중한 기회를 뺏을 순 없다고 생각한 거예요. 결국 장기려는 죽을 때까지 가족들을 못 만났고, 2000년에 아들 장가용 선생이 평양에서 가족들을 만날 수 있었어요.

장기려가 대신 내준 병원비를 갚은 사람은 없었나요?

2018년에 48년 만에 병원비를 갚으러 온 사람이 있었어요. 이 사람의 아버지는 1970년에 고신 대학교 복음 병원에서 간암 선고를 받았고, 어머니도 임신성 고혈압(임신 전후로 혈관 속의 압력이 높아지는 질병)으로 많이 아팠다고 해요. 병원비가 부족했던 부부를 위해 장기려는 선뜻 병원비를 내주었지요.

이 사실을 잊지 않았던 아들 박종형 씨는 그때의 병원비를 지금의 화폐 가치로 환산한 1800만 원을 기부했어요. 그리고 그 뒤로도 꾸준히 기부를 하겠다고 밝혔죠.

함께 보면 쏙쏙 이해되는 역사

◆ 1911년
평안북도 용천군에서 태어남.

1910

　● 1910년
　한일 병합 조약으로
　우리나라가 일본의
　식민지가 됨.

◆ 1940년
평양 기독 병원
외과 과장이 됨.

1940

◆ 1959년
한국 최초로 간암 환자의
간 대량 절제에 성공함.

1955

◆ 1968년
청십자 의료 보험 조합을 만듦.

1960

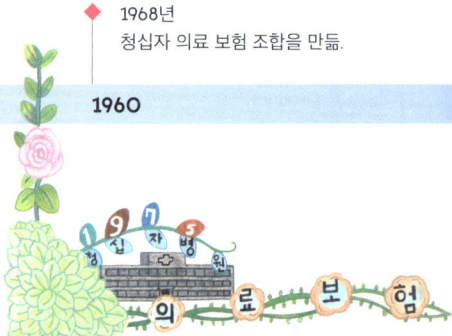

◆ 장기려의 생애
● 우리나라의 근현대사

◆ 1945년
평양 도립 병원 원장이 됨.

◆ 1947년
김일성 종합 대학
의과 대학 강좌장이 됨.

1945

● 1945년
우리나라가 광복을 맞음.

● 1948년
대한민국 정부가 수립됨.

◆ 1951년
부산에 복음 병원을 세움.

◆ 1953년
서울 대학교 의과 대학
외과 교수가 됨.

1950

● 1950년
육이오 전쟁이 일어남.

1980

● 1989년
우리나라에서 모든
국민을 대상으로 하는
의료 보험을 실시함.

◆ 1995년
여든다섯 살의 나이로
세상을 떠남.

1990

● 사진 제공

58쪽(위), 58쪽(아래 오른쪽)_ 성산 장기려 기념 사업회. 58쪽(아래 왼쪽)_ 대한민국 역사 박물관. 59쪽_ 장기려 기념 더 나눔센터.

글쓴이 **유타루**
전북 부안에서 태어나 한국 외국어 대학교 아프리카어과를 졸업했다. 『별이 뜨는 꽃담』으로 창원 아동 문학상과 송순 문학상을 받았다. 지은 책으로 『김홍도』, 『방정환』, 『장영실』, 『존수 박사 달찬이』, 『마법 식탁』 등이 있다.

그린이 **정문주**
서울에서 태어났다. 어릴 때부터 동화책을 읽고 그림 그리는 일을 좋아했다. 어른이 된 지금도 여전히 책을 읽고 그림을 그리며 예쁜 식물들과 함께 재미나게 살고 있다. 그린 책으로 『걱정쟁이 열세 살』, 『엄마의 마흔 번째 생일』, 『곰팡이 보고서』, 『소나기밥 공주』, 『복희탕의 비밀』, 『바보 1단』 등이 있다.

새싹 인물전 **장기려**
062

1판 1쇄 펴냄 2021년 5월 28일   1판 4쇄 펴냄 2024년 1월 18일

글쓴이 유타루   그린이 정문주
펴낸이 박상희   편집장 전지선   편집 이지은   디자인 박연미
펴낸곳 (주)비룡소   출판등록 1994.3.17. (제16-849호)
주소 06027 서울시 강남구 도산대로1길 62 강남출판문화센터 4층
전화 02)515-2000   팩스 02)515-2007   홈페이지 www.bir.co.kr
제품명 어린이용 각양장 도서   제조자명 (주)비룡소   제조국명 대한민국   사용연령 3세 이상

ⓒ 유타루, 정문주, 2021. Printed in Seoul, Korea.

ISBN 978-89-491-2942-6 74990
ISBN 978-89-491-2880-1 (세트)

「새싹 인물전」 시리즈

- 001 **최무선** 김종렬 글 이경석 그림
- 002 **안네 프랑크** 해리엇 캐스터 글 헬레나 오웬 그림
- 003 **나운규** 남찬숙 글 유승하 그림
- 004 **마리 퀴리** 캐런 윌리스 글 닉 워드 그림
- 005 **유일한** 임사라 글 김홍모·임소희 그림
- 006 **윈스턴 처칠** 해리엇 캐스터 글 린 윌리 그림
- 007 **김홍도** 유타루 글 김홍모 그림
- 008 **토머스 에디슨** 캐런 윌리스 글 피터 켄트 그림
- 009 **강감찬** 한정기 글 이홍기 그림
- 010 **마하트마 간디** 에마 피시엘 글 리처드 모건 그림
- 011 **세종 대왕** 김선희 글 한지선 그림
- 012 **클레오파트라** 해리엇 캐스터 글 리처드 모건 그림
- 013 **김구** 김종렬 글 이경석 그림
- 014 **헨리 포드** 피터 켄트 글·그림
- 015 **장보고** 이옥수 글 원혜진 그림
- 016 **모차르트** 해리엇 캐스터 글 피터 켄트 그림
- 017 **선덕 여왕** 남찬숙 글 한지선 그림
- 018 **헬렌 켈러** 해리엇 캐스터 글 닉 워드 그림
- 019 **김정호** 김선희 글 서영아 그림
- 020 **로버트 스콧** 에마 피시엘 글 데이브 맥타가트 그림
- 021 **방정환** 유타루 글 이경석 그림
- 022 **나이팅게일** 에마 피시엘 글 피터 켄트 그림
- 023 **신사임당** 이옥수 글 변영미 그림
- 024 **안데르센** 에마 피시엘 글 닉 워드 그림
- 025 **김만덕** 공지희 글 장차현실 그림
- 026 **셰익스피어** 에마 피시엘 글 마틴 렘프리 그림
- 027 **안중근** 남찬숙 글 곽성화 그림
- 028 **카이사르** 에마 피시엘 글 레슬리 뷔시커 그림
- 029 **백남준** 공지희 글 김수박 그림
- 030 **파스퇴르** 캐런 윌리스 글 레슬리 뷔시커 그림
- 031 **유관순** 유은실 글 곽성화 그림
- 032 **알렉산더 벨** 에마 피시엘 글 레슬리 뷔시커 그림
- 033 **윤봉길** 김선희 글 김홍모·임소희 그림
- 034 **루이 브라유** 테사 포터 글 헬레나 오웬 그림
- 035 **정약용** 김은미 글 홍선주 그림
- 036 **제임스 와트** 니컬라 백스터 글 마틴 렘프리 그림
- 037 **장영실** 유타루 글 이경석 그림
- 038 **마틴 루서 킹** 베르나 윌킨스 글 린 윌리 그림
- 039 **허준** 유타루 글 이홍기 그림
- 040 **라이트 형제** 김종렬 글 안희건 그림
- 041 **박에스더** 이은정 글 곽성화 그림
- 042 **주몽** 김종렬 글 김홍모 그림
- 043 **광개토 대왕** 김종렬 글 탁영호 그림
- 044 **박지원** 김종광 글 백보현 그림
- 045 **허난설헌** 김은미 글 유승하 그림
- 046 **링컨** 이명랑 글 오승민 그림
- 047 **정주영** 남경완 글 임소희 그림
- 048 **이호왕** 이영서 글 김홍모 그림
- 049 **어밀리아 에어하트** 조경숙 글 원혜진 그림
- 050 **최은희** 김혜연 글 한지선 그림
- 051 **주시경** 이은정 글 김혜리 그림
- 052 **이태영** 공지희 글 민은정 그림
- 053 **이순신** 김종렬 글 백보현 그림
- 054 **오드리 헵번** 이은정 글 정진희 그림
- 055 **제인 구달** 유은실 글 서영아 그림
- 056 **가브리엘 샤넬** 김선희 글 민은정 그림
- 057 **장 앙리 파브르** 유타루 글 하민석 그림
- 058 **정조 대왕** 김종렬 글 민은정 그림
- 059 **나폴레옹 보나파르트** 남찬숙 글 남궁선하 그림
- 060 **이종욱** 이은정 글 우지현 그림

061	**박완서** 유은실 글 이윤희 그림
062	**장기려** 유타루 글 정문주 그림
063	**김대건** 전현정 글 홍선주 그림
064	**권기옥** 강정연 글 오영은 그림
065	**왕가리 마타이** 남찬숙 글 윤정미 그림
066	**전형필** 김혜연 글 한지선 그림
067	**이중섭** 김유 글 김홍모 그림
068	**그레이스 호퍼** 박주혜 글 이해정 그림

* 계속 출간됩니다.